# 30
## Tage des
# Lernens
und der
# Guten Taten

Copyright © 2020 Bachar Karroum
ISBN: 978-1-988779-33-1


Dépôt légal : bibliothèque et archives nationales du Québec, 2020.
Dépôt légal : bibliothèque et archives Canada, 2020.

Autor                        : Bachar Karroum
Illustrator                  : Jesus Vazquez Prada
Grafikdesign                 : Samuel Gabriel
Einbanddesign                : Rebeca Covers
Deutsche Übersetzung         : Michael Müller

## Im Namen Gottes!

Kindern sollten die Grundlagen des Islams auf eine simple und positive Weise beigebracht werden. Wir haben dieses Buch in der Hoffnung erstellt, dass es Ihnen so leichter fällt, Ihren jüngeren Familienmitgliedern Ihren Glauben näherzubringen und die Essenz Ihrer Religion zu begreifen.

Dieses Buch ist voller mundgerechter und doch informationsreicher täglicher Lehren. Jeden Tag können kleine (und große) Kinder Fakten über den Islam, den Ramadan und die Eids lernen, ihren Propheten Mohammed (Friede sei mit ihm) kennenlernen und mit Ihrer Hilfe lernen, die Suren des Korans zu verstehen.

Wir ermutigen die Kinder außerdem dazu, täglich aktiv zu werden und gute Taten zu vollbringen, damit sie die Welt positiv beeinflussen können.

Wir hoffen, dass Sie viel Freude mit diesem Lernerlebnis für Ihr Kind haben werden und es sein Wissen über seine geliebte Religion bereichert.

**Gute Tat des Tages**

> Versprich Gott, dass du versuchen wirst, diesen Monat und darüber hinaus ein besserer Mensch zu werden.

 **Über den Islam**

> Islam bedeutet „die Unterwerfung unter den Willen Gottes". Das Wort leitet sich vom arabischen Wort „Salam" ab, was Frieden bedeutet.

 **Über den Ramadan**

> Der Ramadan ist der 9. der 12 Monate des islamischen Mondkalenders. Der Monat Ramadan dauert 29 bis 30 Tage.

 **Über unseren Propheten**

> Der Prophet Mohammed wurde circa 570 in der Stadt Mekka geboren, die sich auf der arabischen Halbinsel befindet.

 **Koranlesung**

> Hat (falls nötig mit den Eltern) die Sure **al-Fatiha** gelesen

◯ Hat heute eine gute Tat vollbracht

◯ Hat etwas Neues über den Islam gelernt

◯ Hat etwas Neues über den Ramadan gelernt

◯ Hat etwas Neues über unseren Propheten gelernt

◯ Hat die Sure des Korans gelesen

## Sure al-Fatiha | Die Eröffnende

1. Im Namen Allahs, des Allerbarmers, des Barmherzigen.

2. (Alles) Lob gehört Allah, dem Herrn der Welten,

3. dem Allerbarmer, dem Barmherzigen,

4. dem Herrscher am Tag des Gerichts.

5. Dir allein dienen wir, und zu Dir allein flehen wir um Hilfe.

6. Leite uns den geraden Weg,

7. den Weg derjenigen, denen Du Gunst erwiesen hast, nicht derjenigen, die (Deinen) Zorn erregt haben, und nicht der Irregehenden!

## ♡ Gute Tat des Tages

Sei dankbar. Bevor du heute Abend ins Bett gehst, danke Gott für alles, was du hast.

 ## Über den Islam

Der Islam wurde der Menschheit vom Propheten Mohammed offenbart.

 ## Über den Ramadan

Der Monat des Ramadans beginnt mit der Sichtung der Mondsichel.

 ## Über unseren Propheten

Der Prophet war ein Waisenkind. Er verlor seinen Vater, Abdullah, bevor er geboren wurde, und seine Mutter, Amina, als er 6 Jahre alt war.

 ## Koranlesung

Hat (falls nötig mit den Eltern) die Sure **an-Nas** gelesen

○ Hat heute eine gute Tat vollbracht

○ Hat etwas Neues über den Islam gelernt

○ Hat etwas Neues über den Ramadan gelernt

○ Hat etwas Neues über unseren Propheten gelernt

○ Hat die Sure des Korans gelesen

## Sure an-Nas | Die Menschen

Im Namen Allahs, des Allerbarmers, des Barmherzigen

1. Sag: Ich nehme Zuflucht beim Herrn der Menschen,

2. dem König der Menschen,

3. dem Gott der Menschen,

4. vor dem Übel des Einflüsterers, des Davonschleichers,

5. der in die Brüste der Menschen einflüstert,

6. von den Ginn und den Menschen.

## ♡ Gute Tat des Tages

Besuche deine Großeltern oder rufe sie an, um dich nach ihrem Wohlbefinden zu erkundigen.

## Über den Islam

Jene, die dem Islam folgen, werden Moslems genannt. Moslems sind monotheistisch, was bedeutet, dass sie nur an einen Gott, an Allah, glauben.

## Über den Ramadan

Für Moslems ist der Ramadan die Zeit des Jahres, in der sie sich darauf konzentrieren, bessere Menschen zu werden und großzügige Taten zu vollbringen.

## Über unseren Propheten

Der Prophet wurde von seinem Großvater, Abd al-Muttalib, erzogen, bis er 8 Jahre alt war. Danach kümmerte sich sein Onkel, Abu-Talib, um ihn.

## Koranlesung

Hat (falls nötig mit den Eltern) die Sure **al-Ikhlas** gelesen

○ Hat heute eine gute Tat vollbracht

○ Hat etwas Neues über den Islam gelernt

○ Hat etwas Neues über den Ramadan gelernt

○ Hat etwas Neues über unseren Propheten gelernt

○ Hat die Sure des Korans gelesen

## Sure al-Ikhlas | Die Aufrichtigkeit

Im Namen Allahs, des Allerbarmers, des Barmherzigen

1. Sag: Er ist Allah, ein Einer,

2. Allah, der Überlegene.

3. Er hat nicht gezeugt und ist nicht gezeugt worden,

4. und niemand ist Ihm jemals gleich.

## ♡ Gute Tat des Tages

Mache ein Dua (Bittgebet) für behinderte Menschen. Bitte Allah, ihre Leiden zu lindern und ihr Leben leichter zu machen.

## Über den Islam

Der Koran ist das heilige Buch der Moslems und auf Arabisch verfasst. Er wurde dem Propheten Mohammed durch den Erzengel Gabriel mündlich von Gott offenbart.

## Über den Ramadan

Der Ramadan ist der Monat, in dem Allah dem Propheten Mohammed die ersten Verse des Korans offenbarte.

## Über unseren Propheten

In seinen Zwanzigern fing der Prophet an, als Händler zu arbeiten. Bald darauf heiratete er seine Dienstherrin, eine reiche Frau mit dem Namen Khadijah.

## Koranlesung

Hat (falls nötig mit den Eltern) die Sure **al-Falaq** gelesen

○ Hat heute eine gute Tat vollbracht

○ Hat etwas Neues über den Islam gelernt

○ Hat etwas Neues über den Ramadan gelernt

○ Hat etwas Neues über unseren Propheten gelernt

○ Hat die Sure des Korans gelesen

## Sure al-Falaq | Der Tagesanbruch

Im Namen Allahs, des Allerbarmers, des Barmherzigen

1. Sag: Ich nehme Zuflucht beim Herrn des Tagesanbruchs

2. vor dem Übel dessen, was Er erschaffen hat,

3. und vor dem Übel der Dunkelheit, wenn sie zunimmt,

4. und vor dem Übel der Knotenanbläserinnen

5. und vor dem Übel eines (jeden) Neidenden, wenn er neidet.

**Gute Tat des Tages**

Sei freundlich. Sag nette Worte, wie bitte und danke, wenn du mit deinen Freunden und deiner Familie sprichst.

 **Über den Islam**

Das Gotteshaus der Moslems heißt Moschee. Der Adhan ist der Aufruf zum Gebet, der aus der Moschee kommt.

 **Über den Ramadan**

Fasten bedeutet, dass wir während des gesamten Monats des Ramadans von Sonnenaufgang bis Sonnenuntergang nicht essen und trinken.

 **Über unseren Propheten**

Der Prophet hatte 7 Kinder, 4 Mädchen und 3 Jungen. Die Jungen sind alle sehr jung gestorben.

 **Koranlesung**

Hat (falls nötig mit den Eltern) die Sure **al-Masad** gelesen

○ Hat heute eine gute Tat vollbracht

○ Hat etwas Neues über den Islam gelernt

○ Hat etwas Neues über den Ramadan gelernt

○ Hat etwas Neues über unseren Propheten gelernt

○ Hat die Sure des Korans gelesen

## Sure al-Masad | Die Palmfasern

Im Namen Allahs, des Allerbarmers, des Barmherzigen

1. Zugrunde gehen sollen die Hände Abu Lahabs, und zugrunde gehen soll er (selbst)!

2. Was nützt ihm sein Besitz und das, was er erworben hat?

3. Er wird einem Feuer voller Flammen ausgesetzt sein

4. und (auch) seine Frau, die Brennholzträgerin.

5. Um ihrem Hals ist ein Strick aus Palmfasern.

## ♡ Gute Tat des Tages

Sage ‚Tut mir leid', wenn du etwas falsch gemacht hast. Bitte Allah heute um Vergebung.

## Über den Islam

Der Islam beruht auf fünf Säulen. Diese fünf Säulen sind: Shahada, Salah, Zakat, Sawm und Haddsch.

## Über den Ramadan

Während des Fastens müssen Moslems zudem von sämtlichen Sünden und schlechten Verhaltensweisen absehen. Das sollten sie natürlich auch das restliche Jahr über tun.

## Über unseren Propheten

Die ersten Verse, die dem Propheten offenbart wurden, waren jene der Surat Al'Alaq. Er war währenddessen in einer Höhle in der Nähe von Mekka. Zu diesem Zeitpunkt war er 40 Jahre alt und konnte nicht lesen.

## Koranlesung

Hat (falls nötig mit den Eltern) die Sure **al-Alaq** gelesen

◯ Hat heute eine gute Tat vollbracht

◯ Hat etwas Neues über den Islam gelernt

◯ Hat etwas Neues über den Ramadan gelernt

◯ Hat etwas Neues über unseren Propheten gelernt

◯ Hat die Sure des Korans gelesen

## Sure al-Alaq | Das Anhängsel

Im Namen Allahs, des Allerbarmers, des Barmherzigen

1. Lies im Namen deines Herrn, Der erschaffen hat,

2. den Menschen erschaffen hat aus einem Anhängsel.

3. Lies, und dein Herr ist der Edelste,

4. Der (das Schreiben) mit dem Schreibrohr gelehrt hat,

5. den Menschen gelehrt hat, was er nicht wußte.

6. Keineswegs! Der Mensch lehnt sich wahrlich auf,

7. daß er von sich meint, unbedürftig zu sein.

8. Gewiß, zu deinem Herrn wird die Rückkehr sein.

9. Siehst du denjenigen, der abhält

10. einen Diener, wenn er betet?

## ♡ Gute Tat des Tages

Liebe. Umarme eine Schwester, einen Bruder oder deine Eltern und sage ‚Ich hab dich lieb'.

## Über den Islam

Die Shahada ist das islamische Glaubensbekenntnis. Mit ihm glaubt und erklärt man: „Es gibt keinen Gott außer Allah, und Mohammed ist der Botschafter Allahs."

## Über den Ramadan

Fasten ist für jeden gesunden erwachsenen Moslem verpflicht-end. Kleine Kinder, Kranke und Menschen auf Reisen dürfen das Fasten auslassen.

## Über unseren Propheten

Der Prophet zog 622 von Mekka nach Medina, um der Verfolgung zu entkommen. Dieses Datum stellt den Beginn der muslimischen Ära dar.

## Koranlesung

Hat (falls nötig mit den Eltern) die Sure **al-Alaq** gelesen (Fortsetzung)

○ Hat heute eine gute Tat vollbracht

○ Hat etwas Neues über den Islam gelernt

○ Hat etwas Neues über den Ramadan gelernt

○ Hat etwas Neues über unseren Propheten gelernt

○ Hat die Sure des Korans gelesen

## Sure al-Alaq | Das Anhängsel (Fortsetzung)

11. Siehst du! Obwohl er nach der Rechtleitung verfährt,

12. oder die Gottesfurcht gebietet?

13. Siehst du! Wie (wäre es) wenn er (die Botschaft) für Lüge erklärt und sich abkehrt?

14. Weiß er denn nicht, daß Allah sieht?

15. Keineswegs! Wenn er nicht aufhört, werden Wir ihn ganz gewiß an der Stirnlocke packen und ziehen,

16. einer Stirnlocke, einer lügnerischen, einer verfehlt handelnden.

17. So soll er doch seine Genossen rufen.

18. Wir werden die (Höllen)wache rufen.

19. Keineswegs! Gehorche ihm nicht, sondern wirf dich nieder und sei (Allah) nah!

♡ **Gute Tat des Tages**

Mach mit deinen Eltern heute ein Gebet (Salah).

 ## Über den Islam

Die Salah bedeutet, fünfmal am Tag zu beten, mit Blick in Richtung der Kaaba in Mekka. Diese fünf täglichen Gebete heißen Fajr, Zuhr, Asr, Maghrib und Isha.

 ## Über den Ramadan

Wer im Monat des Ramadans die Salah anbietet, wird von Allah 70-fach belohnt.

 ## Über unseren Propheten

Dem Propheten wurden 114 Suren offenbart. 86 in Mekka und 28 in Medina.

 ## Koranlesung

Hat (falls nötig mit den Eltern) die Sure **an-Nasr** gelesen

○ Hat heute eine gute Tat vollbracht

○ Hat etwas Neues über den Islam gelernt

○ Hat etwas Neues über den Ramadan gelernt

○ Hat etwas Neues über unseren Propheten gelernt

○ Hat die Sure des Korans gelesen

## Sure an-Nasr | Die Hilfe

Im Namen Allahs, des Allerbarmers, des Barmherzigen

1. Wenn Allahs Hilfe kommt und der Sieg

2. und du die Menschen in Allahs Religion in Scharen eintreten siehst,

3. dann lobpreise deinen Herrn und bitte Ihn um Vergebung; gewiß, Er ist Reueannehmend.

## Gute Tat des Tages

Gib etwas. Schau deine leicht benutzten Bücher, Spielsachen und Kleidungsstücke durch und finde Dinge, die du der Wohlfahrt oder eine Waisenhaus spenden kannst.

 ## Über den Islam

Die Zakat ist die Gabe der Wohltätigkeit und der Hilfe an die Armen und Bedürftigen. Sie ist die dritte islamische Säule nach der Shahada und der Salah.

 ## Über den Ramadan

Während des Ramadans sammeln Moslems Geld und leisten Spenden an die Bedürftigen.

 ## Über unseren Propheten

Im Jahr 629 kehrte der Prophet nach Mekka zurück und eroberte es mithilfe vieler konvertierter Menschen.

 ## Koranlesung

Hat (falls nötig mit den Eltern) die Sure **al-Kafirun** gelesen

◯ Hat heute eine gute Tat vollbracht

◯ Hat etwas Neues über den Islam gelernt

◯ Hat etwas Neues über den Ramadan gelernt

◯ Hat etwas Neues über unseren Propheten gelernt

◯ Hat die Sure des Korans gelesen

## Sure al-Kafirun | Die Ungläubigen

Im Namen Allahs, des Allerbarmers, des Barmherzigen

1. Sag: O ihr Ungläubigen,

2. ich diene nicht dem, dem ihr dient,

3. und ihr dient nicht Dem, Dem ich diene.

4. Und ich werde (auch) nicht dem dienen, dem ihr gedient habt,

5. Und ihr werdet nicht Dem dienen, Dem ich diene.

6. Euch eure Religion und mir meine Religion.

♡ **Gute Tat des Tages**

Strenge dich an und versuche heute ein paar Stunden zu fasten.

 **Über den Islam**

Die vierte Säule des Islams ist der Sawm Ramadan. Sawn ist ein arabisches Wort und bedeutet Fasten.

 **Über den Ramadan**

Das Fasten zählt zu den wichtigsten Pflichten des Ramadans.

 **Über unseren Propheten**

Der Prophet starb im Alter von 63 Jahren in Medina. Leider hat er keinen Nachfolger bestimmt.

 **Koranlesung**

Hat (falls nötig mit den Eltern) die Sure **al-Kauthar** gelesen

○ Hat heute eine gute Tat vollbracht

○ Hat etwas Neues über den Islam gelernt

○ Hat etwas Neues über den Ramadan gelernt

○ Hat etwas Neues über unseren Propheten gelernt

○ Hat die Sure des Korans gelesen

## Sure al-Kauthar | Die Überfülle

Im Namen Allahs, des Allerbarmers, des Barmherzigen

1. Wir haben dir ja al-Kautar gegeben.

2. So bete zu deinem Herrn und opfere.

3. Gewiß, derjenige, der dich haßt, - er ist vom Guten abgetrennt.

♡ **Gute Tat des Tages**

Hilf den Bedürftigen. Gib ihnen ein bisschen zu essen.

 **Über den Islam**

Der Haddsch ist eine Pilgerreise nach Mekka, zum Hause Allahs, der Kaaba. Jeder körperlich fähige Moslem muss mindestens einmal im Leben diese Pilgerreise antreten.

 **Über den Ramadan**

Das Fasten erinnert uns an diejenigen, die nicht genug zu essen haben.

 **Über unseren Propheten**

Der Kampf um die Führung, der auf den Tod des Propheten folgte, spaltete die Moslems und bewirkte eine Teilung des Islams in die Sunniten und die Schiiten.

 **Koranlesung**

Hat (falls nötig mit den Eltern) die Sure **al-Ma'un** gelesen

○ Hat heute eine gute Tat vollbracht

○ Hat etwas Neues über den Islam gelernt

○ Hat etwas Neues über den Ramadan gelernt

○ Hat etwas Neues über unseren Propheten gelernt

○ Hat die Sure des Korans gelesen

## Sure al-Ma'un | Die Hilfeleistung

Im Namen Allahs, des Allerbarmers, des Barmherzigen

1. Siehst du (nicht) denjenigen, der das Gericht für Lüge erklärt?

2. Das ist derjenige, der die Waise zurückstößt

3. und nicht zur Speisung des Armen anhält.

4. Wehe nun den Betenden,

5. denjenigen, die auf ihre Gebete nicht achten,

6. denjenigen, die dabei (nur) gesehen werden wollen;

7. und die Hilfeleistung verweigern!

## ♡ Gute Tat des Tages

Besuche jemanden, der krank ist, oder mache ein Dua, in dem du um baldige Genesung bittest.

##  Über den Islam

Es gibt sechs Glaubensartikel im Islam. Sie sind die grundlegenden Überzeugungen, die ein Mensch haben muss, um als Moslem angesehen zu werden.

##  Über den Ramadan

Während des Ramadans legen Moslems großen Wert darauf, den Koran öfter zu rezitieren, um von Allah mehr belohnt zu werden.

##  Über unseren Propheten

Die Nachfolger des Propheten waren: Abu Bakr, Umar ibn al-Khattab, Uthman ibn Affan und Ali ibn Abi Talib.

##  Koranlesung

Hat (falls nötig mit den Eltern) die Sure **Quraish** gelesen

○ Hat heute eine gute Tat vollbracht

○ Hat etwas Neues über den Islam gelernt

○ Hat etwas Neues über den Ramadan gelernt

○ Hat etwas Neues über unseren Propheten gelernt

○ Hat die Sure des Korans gelesen

## Sure Quraish | Quraish

Im Namen Allahs, des Allerbarmers, des Barmherzigen

1. Für die Vereinigung der Qurais,

2. ihre Vereinigung während der Reise des Winters und des Sommers.

3. So sollen sie dem Herrn dieses Hauses dienen,

4. Der ihnen Speise nach ihrem Hunger gegeben und ihnen Sicherheit nach ihrer Furcht gewährt hat.

## ♡ Gute Tat des Tages

Sei hilfsbereit. Unterstütze deine Eltern vor dem Essen oder dem Fastenbrechen beim Decken des Tisches.

##  Über den Islam

Der erste Glaubensartikel ist, zu glauben, dass es keinen Gott außer Allah gibt.

##  Über den Ramadan

Der Ramadan ist ein gesegneter Monat und Allah belohnt uns mehr für unsere guten Taten.

##  Über unseren Propheten

Der Prophet Mohammed vertraute Allah in allen Angelegenheiten und lehrte uns, Ihm genau wie er selbst zu vertrauen.

##  Koranlesung

Hat (falls nötig mit den Eltern) die Sure **al-Fil** gelesen

○ Hat heute eine gute Tat vollbracht

○ Hat etwas Neues über den Islam gelernt

○ Hat etwas Neues über den Ramadan gelernt

○ Hat etwas Neues über unseren Propheten gelernt

○ Hat die Sure des Korans gelesen

## Sure al-Fil | Der Elefant

Im Namen Allahs, des Allerbarmers, des Barmherzigen

1. Siehst du nicht, wie dein Herr mit den Leuten des Elefanten verfuhr?

2. Ließ Er nicht ihre List verlorengehen

3. und sandte gegen sie Vögel in aufeinanderfolgenden Schwärmen,

4. die sie mit Steinen aus gebranntem Lehm bewarfen,

5. und sie so wie abgefressene Halme machte?

## ♡ Gute Tat des Tages

Leiste deinen Teil, um die Nachbarschaft sauber zu halten. Hebe sämtlichen Müll auf, den du auf dem Boden findest, und wirf ihn in die Mülltonne.

##  Über den Islam

Der zweite Glaubensartikel ist der Glaube an die Engel Allahs. Die Namen einiger dieser Engel lauten: Jibreel, Mika'eel, Israfeel und Izra'eel.

##  Über den Ramadan

Während des Monats des Ramadans sind die Tore des Paradieses geöffnet und die Tore der Hölle geschlossen.

##  Über unseren Propheten

Der Prophet hatte einen feinen Sinn für Humor. Er war nicht vulgär und machte sich nicht über andere lustig.

##  Koranlesung

Hat (falls nötig mit den Eltern) die Sure **al-Humaza** gelesen

○ Hat heute eine gute Tat vollbracht

○ Hat etwas Neues über den Islam gelernt

○ Hat etwas Neues über den Ramadan gelernt

○ Hat etwas Neues über unseren Propheten gelernt

○ Hat die Sure des Korans gelesen

## Sure al-Humaza | Der Stichler

Im Namen Allahs, des Allerbarmers, des Barmherzigen

1. Wehe jedem Stichler und Nörgler,

2. der Besitz zusammenträgt und ihn zählt und immer wieder zählt,

3. wobei er meint, daß sein Besitz ihn ewig leben ließe!

4. Keineswegs! Er wird ganz gewiß in al-Hutama geworfen werden.

5. Was läßt dich wissen, was al-Hutama ist?

6. (Sie ist) Allahs entfachtes Feuer,

7. das Einblick in die Herzen gewinnt.

8. Gewiß, es wird sie einschließen

9. in langgestreckten Säulen.

## ♡ Gute Tat des Tages

Liebe deine Familie. Rufe deine Tanten und/oder Onkel an und frage sie, wie es ihnen geht, oder lade sie zum Abendessen oder Iftar ein.

##  Über den Islam

Der dritte Glaubensartikel ist der Glaube an die Heiligen Bücher Allahs. Diese sind: Suhuf, Taurat, Zabur, Injeel und der Koran.

##  Über den Ramadan

Während des Ramadans brechen Moslems gerne mit Familienmitgliedern und Freunden das Fasten.

##  Über unseren Propheten

Der Prophet Mohammed war unter Moslems und Nicht-Moslems sehr beliebt, weil er allen gegenüber wahrhaftig war.

##  Koranlesung

Hat (falls nötig mit den Eltern) die Sure **al-Asr** gelesen

○ Hat heute eine gute Tat vollbracht

○ Hat etwas Neues über den Islam gelernt

○ Hat etwas Neues über den Ramadan gelernt

○ Hat etwas Neues über unseren Propheten gelernt

○ Hat die Sure des Korans gelesen

## Sure al-Asr | Das Zeitalter

Im Namen Allahs, des Allerbarmers, des Barmherzigen

1. Beim Zeitalter!

2. Der Mensch befindet sich wahrlich in Verlust,

3. außer denjenigen, die glauben und rechtschaffene Werke tun und einander die Wahrheit eindringlich empfehlen und einander die Standhaftigkeit eindringlich empfehlen.

## ♡ Gute Tat des Tages

Biete heute zusätzliche Hilfe im Haus an. Hilf beim Staubsaugen, Müll entsorgen und/oder beim Zusammenlegen der Wäsche.

##  Über den Islam

Der vierte Glaubensartikel ist der Glaube an die Propheten Allahs. Die Namen einiger Propheten lauten: Adam, Nuh, Ibrahim, Musa, Isa und Mohammed.

##  Über den Ramadan

Während der ersten 10 Tage des Ramadans suchen Moslems die Gnade und den Segen des Allmächtigen.

##  Über unseren Propheten

Der Prophet Mohammed war für seine Bescheidenheit und Demut bekannt. Er wies niemals jemanden ab, der seine Hilfe benötigte.

##  Koranlesung

Hat (falls nötig mit den Eltern) die Sure **at-Takathur** gelesen

○ Hat heute eine gute Tat vollbracht

○ Hat etwas Neues über den Islam gelernt

○ Hat etwas Neues über den Ramadan gelernt

○ Hat etwas Neues über unseren Propheten gelernt

○ Hat die Sure des Korans gelesen

# Sure at-Takathur | Die Vermehrung

Im Namen Allahs, des Allerbarmers, des Barmherzigen

1. Die Vermehrung lenkt euch ab,

2. bis ihr die Friedhöfe besucht.

3. Keineswegs! Ihr werdet (es noch) erfahren.

4. Abermals: Keineswegs! Ihr werdet (es noch) erfahren.

5. Keineswegs! Wenn ihr es nur mit dem Wissen der Gewißheit wüßtet!

6. Ihr werdet ganz gewiß den Höllenbrand sehen.

7. Abermals: Ihr werdet ihn mit dem Auge der Gewißheit sehen.

8. Hierauf werdet ihr an jenem Tag ganz gewiß nach der Wonne gefragt werden.

## ♡ Gute Tat des Tages

Ergreife die Initiative. Mache deine Hausaufgaben für die Schule fertig oder etwas anderes, das deine Eltern glücklich macht, ohne dass man es dir sagen muss.

##  Über den Islam

Der fünfte Glaubensartikel ist der Glaube an den Tag des Jüngsten Gerichts: Der Tag, an dem Allah uns für unsere guten Taten belohnen wird.

##  Über den Ramadan

Während der nächsten 10 Tage des Ramadans suchen Moslems die Vergebung von Allah, dem Allmächtigen.

##  Über unseren Propheten

Der Prophet Mohammed ermutigte uns, gute Taten zu leisten, selbst wenn es sich nur um Kleinigkeiten handelte, wie sich gegenseitig anzulächeln.

##  Koranlesung

Hat (falls nötig mit den Eltern) die Sure **al-Qari'a** gelesen

○ Hat heute eine gute Tat vollbracht

○ Hat etwas Neues über den Islam gelernt

○ Hat etwas Neues über den Ramadan gelernt

○ Hat etwas Neues über unseren Propheten gelernt

○ Hat die Sure des Korans gelesen

# Sure al-Qari'a | Das Verhängnis

Im Namen Allahs, des Allerbarmers, des Barmherzigen

1. Das Verhängnis!

2. Was ist das Verhängnis?

3. Und was läßt dich wissen, was das Verhängnis ist?

4. Am Tag, da die Menschen wie flatternde Motten sein werden

5. und die Berge wie zerflockte gefärbte Wolle sein werden.

6. Was nun jemanden angeht, dessen Waagschalen schwer sind,

7. so wird er in einem zufriedenen Leben sein.

8. Was aber jemanden angeht, dessen Waagschalen leicht sind,

9. dessen Mutter wird ein Abgrund sein.

10. Und was läßt dich wissen, was das ist?

11. Ein sehr heißes Feuer.

# ♡ Gute Tat des Tages

Räume heute und jeden Tag auf. Putze dein Zimmer, mache dein Bett und halte Ordnung.

##  Über den Islam

Der sechste Glaubensartikel ist der Glaube an Allahs Gebot. Der Glaube, dass nur Gott die ultimative Macht hat und alles sieht und hört, was auf der Erde geschieht.

##  Über den Ramadan

Während der letzten 10 Tage des Ramadans beten Moslems für die Sicherheit vor den Feuern der Hölle.

##  Über unseren Propheten

Der Prophet missbilligte Rassismus. Er akzeptierte alle Menschen mit all ihren Unterschieden und behandelte jeden gleich.

##  Koranlesung

Hat (falls nötig mit den Eltern) die Sure **al-Adiyat** gelesen

○ Hat heute eine gute Tat vollbracht

○ Hat etwas Neues über den Islam gelernt

○ Hat etwas Neues über den Ramadan gelernt

○ Hat etwas Neues über unseren Propheten gelernt

○ Hat die Sure des Korans gelesen

# Sure al-Adiyat | Die Rennenden

Im Namen Allahs, des Allerbarmers, des Barmherzigen

1. Bei den schnaubend Rennenden,

2. den (mit ihren Hufen) Funken Schlagenden,

3. den am Morgen Angreifenden,

4. die darin Staub aufwirbeln,

5. die dann mitten in die Ansammlung eindringen!

6. Der Mensch ist seinem Herrn gegenüber wahrlich undankbar,

7. und er (selbst) ist darüber wahrlich Zeuge.

8. Und er ist in seiner Liebe zum (eigenen) Besten wahrlich heftig.

9. Weiß er denn nicht? Wenn durchwühlt wird, was in den Gräbern ist,

10. und herausgeholt wird, was in den Brüsten ist,…

11. ihr Herr wird an jenem Tag ihrer wahrlich Kundig sein.

## ♡ Gute Tat des Tages

Mache ein Dua für all die Kinder, die unter Kriegen zu leiden haben.

##  Über den Islam

Der Islam verurteilt Gewalt und das Töten Unschuldiger.

##  Über den Ramadan

Moslems leisten besondere Gebete, die Taraweeh, während des Ramadans, um mehr Segen und Belohnungen von Allah zu erhalten.

##  Über unseren Propheten

Der Prophet ermutigte zu Frieden und Harmonie. Er predigte Vergebung und vergab all seinen Feinden.

##  Koranlesung

Hat (falls nötig mit den Eltern) die Sure **az-Zalzala** gelesen

◯ Hat heute eine gute Tat vollbracht

◯ Hat etwas Neues über den Islam gelernt

◯ Hat etwas Neues über den Ramadan gelernt

◯ Hat etwas Neues über unseren Propheten gelernt

◯ Hat die Sure des Korans gelesen

# Sure az-Zalzala | Das Beben

Im Namen Allahs, des Allerbarmers, des Barmherzigen

1. Wenn die Erde erschüttert wird durch ihr heftiges Beben

2. und die Erde hervorbringt ihre Lasten

3. und der Mensch sagt: "Was ist mit ihr?",

4. an jenem Tag wird sie die Nachrichten über sich erzählen,

5. weil dein Herr (es) ihr eingegeben hat.

6. An jenem Tag werden die Menschen (in Gruppen) getrennt herauskommen, damit ihnen ihre Werke gezeigt werden.

7. Wer nun im Gewicht eines Stäubchens Gutes tut, wird es sehen.

8. Und wer im Gewicht eines Stäubchens Böses tut, wird es sehen.

## ♡ Gute Tat des Tages

Danke zu sagen ist wichtig. Schreibe eine Notiz oder mache eine Karte und gib sie deinen Eltern, mit der du ihnen zeigst, wie dankbar du für alles bist, was sie für dich tun.

## Über den Islam

Der Islam lehrt uns, freundlich zu unseren Eltern zu sein und sie jederzeit zu respektieren.

## Über den Ramadan

Das Wort Taraweeh stammt aus dem Arabischen und bedeutet ruhen und entspannen. Es wird als besondere Form der islamischen Meditation gesehen.

## Über unseren Propheten

Der Prophet war ein großartiges Beispiel für gute Manieren. Er verwendete keine Schimpfwörter und fluchte nicht. Er sprach sogar diejenigen mit Freundlichkeit an, die versucht hatten, ihm zu schaden.

## Koranlesung

Hat (falls nötig mit den Eltern) die Sure **at-Tin** gelesen

○ Hat heute eine gute Tat vollbracht

○ Hat etwas Neues über den Islam gelernt

○ Hat etwas Neues über den Ramadan gelernt

○ Hat etwas Neues über unseren Propheten gelernt

○ Hat die Sure des Korans gelesen

# Sure at-Tin | Die Feige

Im Namen Allahs, des Allerbarmers, des Barmherzigen

1. Bei der Feige und der Olive

2. und dem Berg Sinin

3. und dieser sicheren Ortschaft!

4. Wir haben den Menschen ja in schönster Gestaltung erschaffen,

5. hierauf haben Wir ihn zu den Niedrigsten der Niedrigen werden lassen,

6. außer denjenigen, die glauben und rechtschaffene Werke tun; für sie wird es einen Lohn geben, der nicht aufhört.

7. Was läßt dich da weiterhin das Gericht für Lüge erklären?

8. Ist nicht Allah der Weiseste derjenigen, die richten?

# ♡ Gute Tat des Tages

Danke Allah dafür, dass deine Familie dich liebt. Falls möglich, spende etwas Wertvolles an ein Waisenhaus.

##  Über den Islam

Als Moslems dürfen wir Waisen nicht schlecht behandeln und Suchende nicht zurückweisen.

##  Über den Ramadan

Unter den Nächten des Ramadans gibt es eine besondere Nacht, die Lalat al-Qadr. Sie wird auch die Nacht der Bestimmung genannt, die Nacht, in der der Koran offenbart wurde.

##  Über unseren Propheten

Der Prophet war besonders rücksichtsvoll im Umgang mit Waisenkindern und bat seine Anhänger, sich besonders gut um sie zu kümmern, da sie keine Eltern mehr hatten, die dies tun konnten.

##  Koranlesung

Hat (falls nötig mit den Eltern) die Sure **ad-Duha** gelesen

○ Hat heute eine gute Tat vollbracht

○ Hat etwas Neues über den Islam gelernt

○ Hat etwas Neues über den Ramadan gelernt

○ Hat etwas Neues über unseren Propheten gelernt

○ Hat die Sure des Korans gelesen

# Sure ad-Duha | Die Morgenhelle

Im Namen Allahs, des Allerbarmers, des Barmherzigen

1. Bei der Morgenhelle

2. und der Nacht, wenn sie (alles) umhüllt!

3. Dein Herr hat sich weder von dir verabschiedet noch haßt Er (dich).

4. Und das Jenseits ist wahrlich besser für dich als das Diesseits.

5. Und dein Herr wird dir wahrlich geben, und dann wirst du zufrieden sein.

6. Hat Er dich nicht als Waise gefunden und (dir) dann Zuflucht verschafft

7. und dich irregehend gefunden und dann rechtgeleitet

8. und dich arm gefunden und dann reich gemacht?

9. Was nun die Waise angeht, so unterjoche (sie) nicht,

10. und was den Bettler angeht, so fahre (ihn) nicht an,

11. und was die Gunst deines Herrn angeht, so erzähle (davon).

**Gute Tat des Tages**

Wirf kein Essen weg. Teile gute Reste mit einem Bedürftigen.

 **Über den Islam**

Der Islam lehrt uns, kein Essen, Wasser oder Sonstiges zu verschwenden, mit dem Allah uns gesegnet hat. Wir müssen diese Ressourcen sorgfältig und nicht unnötig einsetzen.

 **Über den Ramadan**

Während der Laylat al-Qadr müssen Moslems die ganze Nacht aufbleiben, den Koran rezitieren und beten, da sie die wichtigste Nacht des Ramadans ist.

 **Über unseren Propheten**

Der Prophet dachte immer zuerst an die anderen, bevor er an sich selbst dachte. Er teilte alles, was er besaß, mit den Armen und lehrte uns, das Gleiche zu tun.

 **Koranlesung**

Hat (falls nötig mit den Eltern) die Sure **al-Qadr** gelesen

◯ Hat heute eine gute Tat vollbracht

◯ Hat etwas Neues über den Islam gelernt

◯ Hat etwas Neues über den Ramadan gelernt

◯ Hat etwas Neues über unseren Propheten gelernt

◯ Hat die Sure des Korans gelesen

## Sure al-Qadr | Die Bestimmung

Im Namen Allahs, des Allerbarmers, des Barmherzigen

1. Wir haben ihn ja in der Nacht der Bestimmung hinabgesandt.

2. Und was läßt dich wissen, was die Nacht der Bestimmung ist?

3. Die Nacht der Bestimmung ist besser als tausend Monate.

4. Es kommen die Engel und der Geist in ihr mit der Erlaubnis ihres Herrn mit jeder Angelegenheit herab.

5. Frieden ist sie bis zum Anbruch der Morgendämmerung.

## ♡ Gute Tat des Tages

Tag # 23

Danke deiner Mutter für all die Mühen, die sie für dich auf sich nimmt. Falls du deine Mama verloren hast, denk an sie und sage danke.

 ## Über den Islam

Der Islam hat Rechte für Frauen festgeschrieben. Der Islam hat Frauen in vielerlei Hinsichten befreit, unter anderem, indem sie das Wahlrecht haben und das Recht auf Eigentum.

 ## Über den Ramadan

Wenn der Mond des nächsten Monats gesichtet wird, endet der Ramadan und die Feier des Fastenbrechens, Eid al-Fitr, beginnt.

 ## Über unseren Propheten

Der Prophet verteidigte die Rechte der Frauen und bat seine Anhänger, Frauen mit Respekt zu behandeln.

 ## Koranlesung

Hat (falls nötig mit den Eltern) die Sure **ash-Sharh** gelesen

○ Hat heute eine gute Tat vollbracht

○ Hat etwas Neues über den Islam gelernt

○ Hat etwas Neues über den Ramadan gelernt

○ Hat etwas Neues über unseren Propheten gelernt

○ Hat die Sure des Korans gelesen

## Sure ash-Sharh | Das Auftun

Im Namen Allahs, des Allerbarmers, des Barmherzigen

1. Haben Wir dir nicht deine Brust aufgetan

2. und dir deine Last abgenommen,

3. die deinen Rücken niederdrückte,

4. und dir dein Ansehen erhöht?

5. Also gewiß, mit der Erschwernis ist Erleichterung,

6. gewiß, mit der Erschwernis ist Erleichterung.

7. Wenn du nun fertig bist, dann strenge dich an

8. und nach deinem Herrn richte dein Begehren aus.

## ♡ Gute Tat des Tages

Behandle Haustiere gut. Mache heute ein Tier glücklich, indem du mit ihm spielst oder ihm etwas zu essen gibst.

##  Über den Islam

Der Islam hat Rechte für Tiere festgeschrieben. Der Islam verbietet es, Tiere zu misshandeln oder sie aus anderen Gründen als für Nahrung zu töten.

##  Über den Ramadan

Eid al-Fitr fällt auf den ersten Tag des Shawwals, dem 10. Monat des islamischen Mondkalenders, und wird drei Tage gefeiert.

##  Über unseren Propheten

Der Prophet setzte sich für die Rechte von Tieren ein und war ein Fürsprecher für die gerechte Behandlung von Tieren. Tiere sind die Schöpfung Allahs und verdienen es, gerecht behandelt zu werden.

##  Koranlesung

Hat (falls nötig mit den Eltern) die Sure **al-Lail** gelesen

○ Hat heute eine gute Tat vollbracht

○ Hat etwas Neues über den Islam gelernt

○ Hat etwas Neues über den Ramadan gelernt

○ Hat etwas Neues über unseren Propheten gelernt

○ Hat die Sure des Korans gelesen

# Sure al-Lail | Die Nacht

Im Namen Allahs, des Allerbarmers, des Barmherzigen

1. Bei der Nacht, wenn sie (alles) überdeckt,

2. und dem Tag, wenn er (in seiner Helligkeit) erscheint,

3. und Dem, Der das Männliche und das Weibliche erschaffen hat!

4. Euer Bemühen ist wahrlich verschieden.

5. Was nun jemanden angeht, der gibt und gottesfürchtig ist

6. und das Beste für wahr hält,

7. so werden Wir ihm den Weg zum Leichteren leicht machen.

8. Was aber jemanden angeht, der geizt und sich für unbedürftig hält

9. und das Beste für Lüge erklärt,

10. so werden Wir ihm den Weg zum Schwereren leicht machen;

11. und was soll sein Besitz ihm nützen, wenn er sich ins Verderben stürzt?

## Gute Tat des Tages

Entdecke. Lies heute ein Buch oder lerne etwas Neues.

 ## Über den Islam

Das Wort „Dschihad" bedeutet „kämpfen". Für die meisten Moslems ist der Dschihad ein intimer Kampf zur Reinigung der Seele.

 ## Über den Ramadan

Vor dem Eid-Gebet geben Moslems Zakat al-Fitr. Das ist eine Spende in Form von Essen oder Geld, die dann an die Armen weitergereicht wird.

 ## Über unseren Propheten

Der Prophet riet uns, neugierig zu bleiben, unser Wissen zu steigern und nie mit dem Lernen aufzuhören.

 ## Koranlesung

Hat (falls nötig mit den Eltern) die Sure **al-Lail** gelesen (Fortsetzung)

○ Hat heute eine gute Tat vollbracht

○ Hat etwas Neues über den Islam gelernt

○ Hat etwas Neues über den Ramadan gelernt

○ Hat etwas Neues über unseren Propheten gelernt

○ Hat die Sure des Korans gelesen

# Sure al-Lail | Die Nacht (Fortsetzung)

12. Uns obliegt wahrlich die Rechtleitung.

13. Und Uns gehört wahrlich das Jenseits und das Diesseits.

14. So habe Ich euch gewarnt vor einem Feuer, das lodert,

15. dem nur der Unseligste ausgesetzt sein wird,

16. der (die Botschaft) für Lüge erklärt und sich abkehrt.

17. Doch davon ferngehalten wird der Gottesfürchtigste werden,

18. der seinen Besitz hingibt, um sich zu läutern,

19. und niemand hat bei ihm eine Gunst (anzurechnen), die vergolten werden müßte,

20. sondern (er handelt) im Trachten nach dem Angesicht seines höchsten Herrn.

21. Und er wird wahrlich zufrieden sein.

## ♡ Gute Tat des Tages

Sei gut zu unserer Erde. Recycle Kartons und Flaschen und verwende heute weniger Plastik.

## Über den Islam

Der Umweltschutz ist ein wichtiger Teil des Islams. Es ist die Verantwortung der Moslems, sich proaktiv um die Umwelt zu kümmern.

## Über den Ramadan

Nach dem Ende der Feier fasten einige Moslems weitere 6 Tage, um die Fastentage, die sie verpasst oder ausgelassen haben, auszugleichen.

## Über unseren Propheten

Der Prophet liebte die Erde und ermutigte uns, mehr Bäume zu pflanzen.

## Koranlesung

Hat (falls nötig mit den Eltern) die Sure **ash-Shams** gelesen

○ Hat heute eine gute Tat vollbracht

○ Hat etwas Neues über den Islam gelernt

○ Hat etwas Neues über den Ramadan gelernt

○ Hat etwas Neues über unseren Propheten gelernt

○ Hat die Sure des Korans gelesen

# Sure ash-Shams | Die Sonne

Im Namen Allahs, des Allerbarmers, des Barmherzigen

1. Bei der Sonne und ihrer Morgenhelle

2. und dem Mond, wenn er ihr folgt,

3. und dem Tag, wenn er sie erscheinen läßt,

4. und der Nacht, wenn sie sie überdeckt,

5. und dem Himmel und Dem, Der ihn aufgebaut hat,

6. und der Erde und Dem, Der sie ausgebreitet hat,

7. und einer (jeden) Seele und Dem, Der sie zurechtgeformt hat

8. und ihr dann ihre Sittenlosigkeit und ihre Gottesfurcht eingegeben hat!

9. Wohl ergehen wird es ja jemandem, der sie läutert,

10. und enttäuscht sein wird ja, wer sie verkümmern läßt.

## ♡ Gute Tat des Tages

Denk daran, vor dem Essen Bismillah und nach dem Essen Alhamdulillah zu sagen.

 ## Über den Islam

Das Gebet (Salah) führt uns auf den Weg, keine Fehler oder Sünden zu begehen.

 ## Über den Ramadan

Das Eid al-Fitr ist eines der beiden Eids, die von Moslems gefeiert werden. Das andere ist das Eid al-Adha.

 ## Über unseren Propheten

Der Prophet war sogar bei seinem Einkommen ehrlich. Er hat bei seinen Geschäften nie jemanden betrogen.

 ## Koranlesung

Hat (falls nötig mit den Eltern) die Sure **ash-Shams** gelesen (Fortsetzung)

◯ Hat heute eine gute Tat vollbracht

◯ Hat etwas Neues über den Islam gelernt

◯ Hat etwas Neues über den Ramadan gelernt

◯ Hat etwas Neues über unseren Propheten gelernt

◯ Hat die Sure des Korans gelesen

## Sure ash-Shams | Die Sonne (Fortsetzung)

11. Die Tamud erklärten in ihrer Auflehnung (die Botschaft) für Lüge,

12. als der Unseligste von ihnen sich erhob.

13. Allahs Gesandter sagte zu ihnen: „(Achtet auf) Allahs Kamelstute und ihre Trinkzeit."

14. Sie aber bezichtigten ihn der Lüge, und so schnitten sie ihr die Sehnen durch. Da schmetterte ihr Herr sie für ihre Sünde nieder, und so ebnete Er über ihnen die Erde ein.

15. Und Er (Allah) fürchtet nicht die Folge davon.

## ♡ Gute Tat des Tages

Sei gut zu dir selbst. Iss weniger Zucker und Süßigkeiten und greif dafür auf mehr Obst und Gemüse zurück.

##  Über den Islam

Der Islam verbietet es uns, tote Tiere, Blut oder Schweinefleisch zu essen. Allah weiß, was gut für uns ist und was nicht.

##  Über den Ramadan

Das Eid al-Adha fällt auf den 12. und letzten Monat des islamischen Mondkalenders, Dhu al-Hijah, und dauert 4 Tage.

##  Über unseren Propheten

Der Prophet kümmerte sich um sein Äußeres und war immer sauber und gepflegt.

##  Koranlesung

Hat (falls nötig mit den Eltern) die Sure **al-Balad** gelesen

○ Hat heute eine gute Tat vollbracht

○ Hat etwas Neues über den Islam gelernt

○ Hat etwas Neues über den Ramadan gelernt

○ Hat etwas Neues über unseren Propheten gelernt

○ Hat die Sure des Korans gelesen

# Sure al-Balad | Die Ortschaft

Im Namen Allahs, des Allerbarmers, des Barmherzigen

1. Nein, Ich schwöre bei dieser Ortschaft

2. —, wo du in dieser Ortschaft deinen Aufenthalt hast,

3. — und bei einem (jeden) Erzeuger und dem, was er zeugt.

4. Wir haben den Menschen ja (zu einem Leben) in Mühsal erschaffen.

5. Meint er etwa, daß überhaupt niemand Macht über ihn hat?

6. Er sagt: „Ich habe Besitz in Mengen verbraucht."

7. Meint er etwa, daß niemand ihn gesehen hat?

8. Haben Wir ihm nicht zwei Augen gemacht,

9. eine Zunge und zwei Lippen

10. und ihn beide Hochebenen geleitet?

11. Aber er ist nicht den steilen Paßweg hinaufgestürmt.

12. Und was läßt dich wissen, was der steile Paßweg ist?

## ♡ Gute Tat des Tages

Sport wird dir helfen, gesund und fit zu bleiben. Geh mit deinen Eltern auf einen Spaziergang oder macht zu Hause gemeinsam ein paar einfache Gymnastikübungen.

##  Über den Islam

Der Islam verbietet es uns, Alkohol zu trinken.

##  Über den Ramadan

Das Eid al-Adha ehrt die Bereitschaft des Propheten Ibrahim, seinen Sohn in einem Akt des Gehorsams gegenüber Gottes Befehl zu opfern.

##  Über unseren Propheten

Der Prophet Mohammed war ein Mann großer Tugend. Er hat nie gelogen, nicht einmal, wenn er Witze gemacht hat.

##  Koranlesung

Hat (falls nötig mit den Eltern) die Sure **al-Balad** gelesen (Fortsetzung)

○ Hat heute eine gute Tat vollbracht

○ Hat etwas Neues über den Islam gelernt

○ Hat etwas Neues über den Ramadan gelernt

○ Hat etwas Neues über unseren Propheten gelernt

○ Hat die Sure des Korans gelesen

## Sure al-Balad | Die Ortschaft (Fortsetzung)

13. (Es ist) die Freilassung eines Sklaven

14. oder zu speisen am Tag der Hungersnot

15. eine Waise, die einem nahe ist,

16. oder einen Armen, der dem Boden nahe ist.

17. Und daß man hierauf zu denjenigen gehört, die glauben, einander die Standhaftigkeit eindringlich empfehlen und einander die Barmherzigkeit eindringlich empfehlen.

18. Das sind die Gefährten der rechten Seite.

19. Diejenigen aber, die Unsere Zeichen verleugnen, sie sind die Gefährten der unglückseligen Seite.

20. Über ihnen liegt ein (sie) einschließendes Feuer.

## Gute Tat des Tages

Teile. Backe heute einen Kuchen für einen Freund oder teile ein wenig hausgemachtes Essen/Nachspeisen mit deinen Nachbarn.

 ## Über den Islam

Der Islam lehrt uns, freundlich zu unserem Nachbarn zu sein. Der Koran sagt, dass wir nicht egoistisch sein oder alleine essen dürfen, wenn unser Nachbar an Hunger leidet.

 ## Über den Ramadan

Am Tag des Eids ziehen Moslems ihre neueste oder beste Kleidung an und wohnen einem besonderen Eid-Gebet in der Moschee bei.

 ## Über unseren Propheten

Der Prophet Mohammed war ein sehr angenehmer Mann. Er begrüßte jeden mit einem Lächeln und sorgte sich um seine Nachbarn.

 ## Koranlesung

Hat (falls nötig mit den Eltern) die Sure **al-A'la** gelesen

○ Hat heute eine gute Tat vollbracht

○ Hat etwas Neues über den Islam gelernt

○ Hat etwas Neues über den Ramadan gelernt

○ Hat etwas Neues über unseren Propheten gelernt

○ Hat die Sure des Korans gelesen

# Sure al-A'la | Der Höchste

Im Namen Allahs, des Allerbarmers, des Barmherzigen

1. Preise den Namen deines höchsten Herrn,

2. Der erschafft und dann zurechtformt

3. und Der das Maß festsetzt und dann rechtleitet

4. und Der die Weide hervorbringt

5. und sie dann zu dunkelbrauner Spreu macht.

6. Wir werden dich lesen lassen, und dann wirst du nichts vergessen,

7. außer dem, was Allah will. Er weiß ja, was laut vernehmbar geäußert wird und was verborgen bleibt.

8. Und Wir werden dir den Weg zum Leichteren leicht machen.

9. So ermahne –, wenn die Ermahnung nützt.

10. Bedenken wird jemand, der gottesfürchtig ist.

11. Meiden aber wird es der Unseligste,

12. der dem größten (Höllen)feuer ausgesetzt sein wird;

13. darin wird er hierauf weder sterben noch leben.

14. Wohl ergehen wird es ja jemandem, der sich läutert,

15. und des Namens seines Herrn gedenkt; so betet er.

16. Nein! Vielmehr zieht ihr das diesseitige Leben vor,

17. während das Jenseits besser und beständiger ist.

18. Dies ist wahrlich in den früheren Blättern (enthalten),

19. den Blättern Ibrahims und Musas.

www.ingramcontent.com/pod-product-compliance
Lightning Source LLC
Chambersburg PA
CBHW041521120626
46551CB00018B/2519